nivel **A2** audiolibro **colección perfiles pop**

Juanes

LA FUERZA
DE LA PALABRA

COLECCIÓN PERFILES POP

Texto: Alicia López
Coordinación editorial: Clara de la Flor
Supervisión pedagógica: Emilia Conejo
Glosario y actividades: Emilia Conejo
Diseño y maquetación: rosacasirojo
Corrección: Rebeca Julio
© **Fotografías de Juanes:** Fundación Mi Sangre, Universal Music
© **Canciones de Juanes**
«Fíjate bien». *Fíjate bien.* 2000. Universal/Surco Record Ventures, inc.
«Destino». *Fíjate bien.* 2000. Universal/Surco Record Ventures, inc.
«La vida es un ratico». *La vida... es un ratico (En vivo).* 2008. Universal Music Latino.
«Bandera de manos». *La vida... es un ratico (En vivo).* 2008. Universal Music Latino.
«Me enamora (single)». 2007. Universal Music Latino.
Fotografía de portada: Juanes/*El Universal* vía Getty Images
Locución: Luis García Márquez
Estudio de grabación: Difusión

© Difusión, Centro de Investigación y Publicaciones de Idiomas, S.L., 2011
ISBN: 978-84-8443-766-6
Depósito legal: B-5481-2011
Impreso en España por Industrias Gráficas Soler
www.difusion.com

Índice

YO también quiero
la paz de Colombia

Para la revista *Time*, Juanes está entre las cien personas más influyentes del mundo/
Fundación Mi Sangre

Juan Esteban Aristizábal Vásquez

Cantante

«Ver a los niños de Colombia crecer es vivir en un país en paz. Quiero encontrar eso algún día»

1. Perfil de un hombre comprometido[1]

«Un poeta con guitarra eléctrica» (The New York Times)

Hay muchas razones para conocer a Juanes: por sus canciones, su labor[2] social, sus premios musicales o su «camisa negra». Juanes es uno de los artistas latinos más conocidos de todo el planeta y su fama aumenta[3] con cada nuevo álbum. Juanes es uno de esos pocos personajes de los que no se habla mal porque, más allá de su música, se esfuerza cada día por[4] conseguir un mundo mejor.

Hasta ahora ha publicado seis discos, ha vendido más de 15 millones de copias en todo el mundo, ha dado conciertos en los 5 continentes y tiene ya 17 premios Grammy Latinos. Además, la revista *Time* lo considera una de las cien personas más influyentes[5] del mundo. Su trayectoria[6] musical habla por sí sola y no hay duda de que[7] este artista va a pasar a la historia como uno de los grandes.

Juanes es colombiano y está orgulloso[8] de su tierra[9]. Además, es una persona comprometida con los problemas de Colombia. Por eso ha creado la Fundación Mi Sangre, que trabaja muy acti-

---

GLOSARIO

[1] **comprometido**: (aquí) que se preocupa por los problemas del mundo [2] **labor**: trabajo [3] **aumentar**: crecer [4] **esforzarse por**: trabajar duro para conseguir algo [5] **influyente**: que tiene poder o influencia sobre la opinión de otras personas [6] **trayectoria**: camino [7] **no hay duda de que**: es seguro que [8] **orgulloso**: que siente orgullo, satisfacción [9] **tierra**: (aquí) lugar donde uno ha nacido y vivido y a la que se siente unido

vamente para conseguir la paz[10] en su país. La Fundación se centra en los niños, que son los protagonistas[11] del cambio. A través de[12] su música, el cantante da a conocer[13] los problemas de Colombia, y con su fundación intenta encontrar soluciones. La labor humanitaria de Juanes es tan importante que ha participado ya dos veces en el concierto de entrega de los Premios Nobel de la Paz en Oslo. Además, en 2009 trabajó junto con Alicia Keys en el programa artístico de la Clinton Global Initiative en Nueva York.

Si los mensajes deben llegar a la gente, el mensajero debe tener un gran éxito popular. Juanes es una de las figuras más importantes del rock latino actual, tanto por el número de álbumes vendidos como por la gran cantidad de conciertos que ha celebrado hasta ahora: han sido más de 800 en América, Europa y Asia, para los que casi siempre se han agotado[14] las entradas.

Este es un recorrido[15] a través de su vida, una vida que vale la pena[16] conocer, una vida interesante, intensa, comprometida y, sobre todo, vivida.

GLOSARIO

[10] **paz**: situación de armonía y tranquilidad, ausencia de guerras [11] **protagonista**: la persona más importante de una novela, película o situación [12] **a través de**: mediante, gracias a [13] **dar a conocer**: difundir información sobre algo [14] **agotar(se)**: (aquí) vender todo [15] **recorrido**: camino, viaje [16] **valer la pena**: ser importante a pesar del trabajo que cuesta

2. Su vida

«No se preocupe, mi hijo, que la vida es un ratico» (la madre de Juanes)

«**J**uanes»: así lo llamaban de pequeño en su casa de Medellín, Colombia, donde nació en 1972, en una familia numerosa[1]. Su nombre completo es Juan Esteban Aristizábal Vásquez. Ya de pequeño le encantaba la música, era su afición favorita, y su padre y sus cinco hermanos le enseñaron a tocar, primero la flauta y después la guitarra. Tenía solo siete años cuando cogió la guitarra por primera vez y desde entonces no la ha abandonado[2] nunca. Los valores que su familia le enseñó de niño también lo han acompañado durante toda su vida y lo han convertido en la persona que es hoy. Lo más importante en la vida para Juanes serán siempre su gente y su tierra.

Su padre, Javier, fue su amigo; su madre, Alicia, fue su inspiración y «el amor de su vida». Alicia le dijo un día: «No se preocupe[3], mi hijo, que la vida es un ratico[4]», y esta frase, «la vida es un ratico», se convirtió más tarde en el single que da título a su cuarto disco, que hoy está en la lista de los más vendidos.

El salón de la casa de Juanes estaba siempre lleno de guitarras. Cada tarde, después de acabar las clases en el Instituto Jorge Robledo de Medellín, él y sus hermanos iban a clases extraordinarias

---

GLOSARIO
[1] **familia numerosa**: familia con muchos hijos [2] **abandonar**: dejar [3] **preocuparse por**: estar intranquilo por [4] **ratico**: (coloquial) diminutivo de rato, período de tiempo corto

para aprender a tocar este instrumento. Su padre le compró una vez un acordeón por si quería probar, pero se lo robaron[5], así que Juanes continuó tocando la guitarra. Con el tiempo, sus hermanos fueron abandonando la música, pero Juanes nunca lo hizo.

José Luis, su hermano mayor, ha contado algunas veces que Juanes disfrutaba[6] desde pequeño en los escenarios[7]. Mientras a sus hermanos les daba un miedo incontrolable, él era feliz sobre la tarima[8] del colegio. Así, acabó tocando en los escenarios más grandes del mundo: el Madison Square Garden de Nueva York, el Shepherd's Bush Empire de Londres y el Shibuya AX de Tokio, entre muchos otros.

Cuando terminó 5° de primaria, Juanes se aficionó al heavy metal. Fue un período corto, pero de este estilo tomó algunos elementos que han sido característicos del artista durante muchos años: el pelo largo, los tatuajes y los pendientes[9]. Su madre le decía que el pelo largo y los pendientes eran de niñas, pero sabía que era inútil hablarle así, ya que desde pequeño Juanes fue terco[10].

De la nada a los Grammy Latinos

Su carrera musical comenzó con la banda Ekhymosis. Juanes, que tenía 15 años cuando la fundó, fue el cantante, el guitarrista y su compositor principal durante ocho años, hasta que el grupo se disolvió[11]. Cuando Ekhymosis alcanzó cierta fama en Colombia, Juanes abandonó sus estudios de Diseño Industrial[12] en la Universidad Bolivariana. No le faltaba mucho para acabar y era muy buen estudiante, por lo que a su familia no le gustó mucho su decisión. Sin embargo, hoy sabe que quizá el mundo ha perdido a un ingeniero, pero ha ganado a un gran artista.

GLOSARIO

[5] **robar**: tomar una cosa de otra persona sin autorización y no devolverla [6] **disfrutar**: divertirse, extraer placer de algo [7] **escenario**: parte de un teatro o similar donde actúa el artista [8] **tarima**: zona elevada en la parte de delante de un aula [9] **pendiente**: adorno que se pone en la oreja [10] **terco**: testarudo, obstinado [11] **disolverse**: (aquí) separarse, dejar de existir [12] **Diseño Industrial**: Ingeniería Industrial

Los comienzos con Ekhymosis fueron duros. Iban de gira[13] con un presupuesto[14] muy bajo: dormían en hoteles baratos, comían mal e incluso pasaban hambre. Sus compañeros de grupo recuerdan que a Juanes esto le resultaba especialmente difícil. Le encantaban las hamburguesas, pero no siempre era posible encontrarlas, así que tuvo que acostumbrarse a comer lo que había y a soportar[15] las incomodidades[16] junto al resto de la banda. En cualquier caso, la música siempre era la máxima prioridad.

Una de las etapas más duras en la vida del artista comenzó cuando se separó de Ekhymosis. Habían grabado cinco álbumes y Juanes decidió viajar a Los Ángeles a grabar un disco en solitario[17]. Aunque era su sueño, su madre recuerda con pena[18] que la llamaba llorando[19] desde allí y le decía que quería volver. Pero ella se mantuvo firme y le dijo que debía ser fuerte. Juanes sintió que tenía el apoyo[20] de su familia también en la distancia[21], así que decidió hacerle caso: se quedó en la ciudad y grabó su primer álbum, *Fíjate bien*. La decisión fue la correcta, ya que el disco fue nominado a siete premios Grammy Latinos, de los cuales ganó finalmente tres.

Dos días después de ganar sus primeros tres Grammy Latinos, Juanes fue a Universal, su compañía discográfica en Bogotá. Llegó caminando[22] y con los tres trofeos en una bolsa de plástico. Al llegar, recibió las felicitaciones de todo el personal de la oficina, y él saludaba, les daba las gracias. Conocía a todos y los llamaba por su nombre, al presidente de la discográfica y también a los mensajeros y a las personas del servicio de limpieza[23]. Decía que eran como sus hermanitos, a quienes conocía desde antes de su éxito. De allí se fue a Medellín para enseñarle los trofeos a su madre, que lo recibió orgullosa.

GLOSARIO

[13] **gira**: serie de actuaciones en diferentes lugares [14] **presupuesto**: cantidad de dinero que se puede gastar en algo [15] **soportar**: aguantar, resistir [16] **incomodidad**: algo que no resulta cómodo, molestia [17] **en solitario**: solo [18] **pena**: tristeza, dolor [19] **llorar**: echar lágrimas por los ojos [20] **apoyo**: ayuda [21] **en la distancia**: lejos [22] **caminar**: andar, ir a pie [23] **servicio de limpieza**: equipo de personas que limpian un lugar

14   Su madre y quienes conocen bien a Juanes dicen que a pesar de su éxito, Juanes no ha cambiado. Sigue siendo Juan Esteban Aristizábal Vásquez, el mismo chico humilde[24], tímido[25] y tranquilo que pasaba hambre y buscaba como loco una hamburguesa mientras perseguía su sueño musical.

GLOSARIO
[24] **humilde**: sencillo, que no es arrogante [25] **tímido**: introvertido

«*La vida es un ratico*»

«No se preocupe, mi hijo, que la vida es un ratico», le dijo Alicia a su hijo en varias ocasiones. Con esta frase, Alicia quería decir que las cosas buenas y malas no duran para siempre, y que hay que vivir intensamente. Su madre es una fuente de inspiración para Juanes, y por eso «la vida es un ratico» se convirtió en un lema para él desde el principio de su carrera. Más tarde lo utilizó para titular su cuarto disco y uno de los temas del álbum. Este single comienza así:

> Que cambie todo[1] pero no el amor
> es la misión más grande que tenemos tú y yo.
> En esta vida hay que aprender, entender y saber
> porque estos tiempos son difíciles y es más escasa[2]
> la verdad.
> Que cambie todo pero no el amor.
> Nuestra familia es más importante, ya lo sé,
> y la debemos proteger y volver a tejer[3],
> porque estos tiempos son difíciles y es más escasa
> la verdad,
> porque estos tiempos son difíciles y estamos
> sentados tan lejos el uno del otro,
> porque estos tiempos son difíciles y estamos atados
> de manos[4] y corazón.

GLOSARIO

[1] **que cambie todo**: forma utilizada para expresar un deseo (deseo que cambie todo) [2] **escaso**: poco [3] **tejer**: entrelazar hilos para formar una tela, alfombra o similar [4] **estar atado de (pies y) manos**: no poder actuar

Estos son algunos de los trabajos de Juanes/Universal Music

pista 04

3. Su trayectoria musical

«Componer es un proceso doloroso; no es fácil»

El diario *The Los Angeles Times* lo ha descrito como «la figura individual más relevante de la primera década[1] del siglo XXI dentro de la música latina», la revista *Rolling Stone* como «una superestrella latinoamericana y una de las estrellas de rock más grandes del mundo» y el *New York Times* como «un poeta con guitarra eléctrica». Pero Juanes no es solo un extraordinario guitarrista y compositor. Además, se le compara a menudo con artistas como Bono o Bruce Springsteen por su firme[2] creencia[3] en el poder de la música como herramienta[4] para conseguir el cambio social.

Ekhymosis

Desde pequeño y a lo largo de toda su trayectoria musical, Juanes ha bebido de fuentes musicales muy diferentes: desde los tangos de Carlos Gardel hasta Soda Stereo, pasando por Led Zeppelin, Silvio Rodríguez y Jimi Hendrix. Durante los ocho años que formó parte de Ekhymosis pasó por varios estilos musicales: thrash, heavy metal, rock en español y pop latino, y todos ellos se reflejan en los cinco álbumes que publicó el grupo.

GLOSARIO

[1] **década**: período de diez años [2] **firme**: fuerte, sólido [3] **creencia**: convicción, opinión [4] **herramienta**: cualquier cosa que se utiliza para trabajar

Ekhymosis lo fundaron Juanes y Andrés García, «Andy», en 1988. A Juanes se le había roto[5] la guitarra y se encontró por casualidad[6] a Andy, que sabía repararla. Cuando la reparó, empezaron a tocar. Pronto se dieron cuenta[7] de que les gustaba tocar juntos, así que siguieron haciéndolo, hasta que decidieron buscar un nombre. Les gustó la palabra Ekhymosis, un término que encontraron en un diccionario de medicina y que significa «contusión[8]». El grupo dio su primer concierto un mes más tarde. Después de varios conciertos y unos cuantos años más, decidieron grabar su primer disco. Lo hicieron con su propio dinero y lo titularon *Desde arriba es diferente*. Solo tenía dos temas y las letras eran autobiográficas. Las voces[9] y la música tenían mucha influencia del metal.

El segundo álbum tenía cuatro temas y se titulaba *De rodillas*. La principal diferencia con el álbum anterior[10] eran las letras. En este disco, las canciones hablaban de la violencia en Medellín y denunciaban la muerte injusta[11] de tantos jóvenes inocentes[12]. En ese momento comenzó la lucha[13] de Juanes.

Pero Ekhymosis se hizo realmente famoso con su tercer álbum, *Niño gigante*. Este disco contiene la canción *Solo*, que fue un enorme éxito[14] de la historia del rock, no solo en Colombia, sino en todo el mundo. Se vendieron casi siete millones de copias de *Niño gigante*, una cifra asombrosa[15], especialmente para una banda de jóvenes que acababa de empezar[16]. A partir de ese momento se convirtieron en un grupo famoso y grabaron un disco tras otro.

Cuando por fin llegaron a Los Ángeles para tocar en una gira internacional, decidieron quedarse allí y firmar un contrato para grabar su último álbum: *Ekhymosis*. Las letras de este disco seguían

---

GLOSARIO

[5] **romperse**: estropearse, averiarse [6] **por casualidad**: sin planearlo, por azar [7] **darse cuenta de algo**: notar o ver por primera vez [8] **contusión**: daño que recibe una parte del cuerpo por un golpe [9] **voz**: sonido que se produce al hablar o cantar y que es diferente en cada persona [10] **anterior**: que sucede antes, previo [11] **injusto**: (aquí) injustificado, sin razón [12] **inocente**: sin culpa [13] **lucha**: pelea, batalla o (aquí) trabajo duro para conseguir algo a pesar de los problemas [14] **éxito**: triunfo [15] **asombroso**: que produce asombro y sorpresa [16] **acabar de empezar**: haber empezado hace muy poco tiempo

tratando temas cercanos a la vida de los integrantes[17] del grupo: la familia y la tierra. Reflejaban también los ideales que han caracterizado a Juanes después: la importancia de amar lo que uno tiene porque es único[18], porque no hay otra cosa igual; no hay otra madre, ni otro hermano, ni otro amigo, ni otra familia, ni otra casa, ni otra tierra, ni otra sangre[19]; tienes lo que tienes, y es importante cuidarlo[20].

Las influencias musicales del grupo evolucionaron con el tiempo. En sus comienzos escuchaban a bandas como Metallica y Slayer, y les gustaba la música thrash metal de la década de los ochenta. Pero a medida que el grupo creció se abrió a otras influencias: desde Carlos Gardel a los Panchos, pasando por Silvio Rodríguez y Fito Páez. Después de abandonar el metal, su música se basó en el rock and roll fusionado con ritmos latinos que recordaban sus orígenes colombianos.

GLOSARIO

[17] **integrante**: miembro, participante [18] **único**: que no hay otro igual [19] **sangre**: líquido rojo que circula por las venas [20] **cuidar**: proteger, defender

«Me enamora»

Me enamora, de su disco *La vida es un ratico*, fue número 1 durante 20 semanas en la lista Hot Latin Songs de la revista de Estados Unidos *Billboard*. Esta lista es una referencia[1] mundial para los artistas que cantan en español. Es el camino más directo que tienen los cantantes latinos que cantan en español para llegar a las radios estadounidenses. Algunos artistas habituales en esta lista son Shakira, Maná, Juan Luis Guerra y Gloria Estefan. Este es un fragmento de la canción *Me enamora*:

> La esperanza de mis ojos.
> Sin ti mi vida no tiene sentido,
> sin ti mi vida es como un remolino[2]
> de cenizas[3] que se van
> volando[4] con el viento[5].....

GLOSARIO
[1] **referencia**: guía [2] **remolino**: (aquí) torbellino, huracán, tornado [3] **ceniza**: polvo gris que queda después del fuego [4] **volar**: moverse por el aire [5] **viento**: corriente de aire producida en la atmósfera por causas naturales

Discografía en solitario

Las canciones de Juanes reflejan siempre experiencias personales. Hablan de amor, de humor, de justicia y de paz. Juanes siempre ha demostrado una fuerte conciencia social y, desde Ekhymosis, se ha opuesto a[21] la violencia que genera la lucha continua en Colombia y a la resolución[22] de los conflictos por medio de[23] la violencia. Cree que el camino para conseguir la felicidad pasa por el amor a la familia y el respeto hacia la humanidad. Por eso, millones de seguidores[24] de este poético roquero han adoptado sus canciones como verdaderos himnos al orgullo latino, a la esperanza[25], a la paz y a la fuerza del amor.

Desde que Juan Esteban dejó Ekhymosis y se convirtió en Juanes, ha vendido más de 12 millones de sus discos en el mercado internacional. Con ellos ha ganado 17 premios Grammy Latinos, 18 premios MTV y 16 premios Lo Nuestro, entre otros reconocimientos[26] internacionales.

Su primer álbum en solitario fue *Fíjate*[27] *bien*, una joya[28] del rock colombiano y el rock alternativo a escala mundial. Juanes compuso las letras y la música del disco y las canta con una voz suave[29]. Además, en él mezcla el sonido tradicional de su tierra con un pop-rock alternativo en el que su guitarra es fundamental. Las letras expresan sus sentimientos y su preocupación por la difícil situación que vive su país y son una muestra de su sensibilidad social y musical. El primer sencillo, *Fíjate bien*, es una llamada de atención para su pueblo: en un país de guerrillas y violencia hay que tener cuidado[30], como dice la canción: «Fíjate bien donde pisas[31], fíjate cuando caminas, no vaya a ser que[32] una mina te desbarate[33] los pies». Con este álbum Juanes debutó con mucha fuerza.

GLOSARIO

[21] **oponerse a**: estar en contra de [22] **resolución**: solución, finalización [23] **por medio de**: a través de, mediante [24] **seguidor**: fan, admirador [25] **esperanza**: estado del ánimo en el que se cree posible lo que se desea [26] **reconocimiento**: prestigio, valoración positiva [27] **fijarse**: poner atención [28] **joya**: adorno de oro, plata u otro metal o piedra preciosa; algo muy valioso [29] **suave**: (aquí) dulce, tranquilo, agradable [30] **tener cuidado**: poner atención [31] **pisar**: poner un pie en la tierra al caminar [32] **no vaya a ser que**: para evitar que [33] **desbaratar**: destrozar

22

El segundo álbum de Juanes es *Un día normal*. En él da gracias a la vida y al amor. En *A Dios le pido*, la canción más famosa del álbum, el cantante pide a Dios que la causa de su muerte sea el amor. Musicalmente es una combinación de reggae y cumbia. Otra canción que destaca[34] de este disco es *Fotografía*, en la que la canadiense Nelly Furtado canta en español.

Con su tercer disco, *Mi sangre*, el cantante profundiza[35] en el contenido social de su música. El álbum contiene 12 temas originales con letra y música de Juanes. La mayoría de las canciones las escribió en hoteles, aviones y camerinos[36] durante una gira de conciertos por 24 países. Al hablar de este trabajo, Juanes dice que «componer es un proceso doloroso; no es fácil. No hay una fórmula específica. Ninguna. A través de mis canciones se puede ver que yo vivo, que yo sufro[37]». La canción más famosa de este álbum, y quizás de toda la discografía de Juanes, es *La camisa negra*. En ella, Juanes habla de un hombre que está triste porque ama a una mujer que no lo ama a él. Este tema ha sido número 1 en más de 43 países.

Los temas sobre los que tratan las canciones de este álbum son sencillos[38] y universales: la vida, la muerte, la familia, la supervivencia[39], la esperanza y la soledad[40]. Y estas palabras se repiten mucho en las letras de las canciones. Juanes dice de este disco: «*Mi sangre* es lo que yo vivo, lo que amo, mi amor, mi hija, mi familia, mi música, mi pueblo, mi pasión, mi guitarra, mis recuerdos[41], mis anhelos[42], mis dudas; es lo que sufro y quiero. *Mi sangre* es eso: mi sangre».

Tres años después de la publicación de *Mi sangre*, Juanes presentó su cuarto disco de estudio, *La vida es un ratico*. En él fusiona el rock con estilos colombianos como la guasca, la cumbia o el

---

GLOSARIO

[34] **destacar**: sobresalir, resaltar [35] **profundizar**: intensificar, hacer más profundo o intenso [36] **camerino**: lugar donde los artistas se preparan para actuar [37] **sufrir**: sentir dolor [38] **sencillo**: que no es complicado [39] **supervivencia**: acción de sobrevivir, de seguir vivo a pesar de las dificultades [40] **soledad**: falta de compañía y sensación de melancolía o tristeza que esta produce [41] **recuerdo**: memoria de algo pasado [42] **anhelo**: deseo

vallenato. Las letras de las canciones hablan de las relaciones personales y amorosas. El primer single del álbum fue *Me enamora*, que estuvo 20 semanas en el número 1 de la lista Hot Latin Songs de la revista estadounidense *Billboard*. Además, este álbum fue número 1 en ventas en 19 países y el álbum más vendido en iTunes durante el año 2008.

Se dice que *La vida es un ratico* no es solo un disco, sino toda una filosofía de vida. En él, Juanes recuerda a su público que la vida pasa rápidamente y puede terminar en un abrir y cerrar de ojos[43]; por eso hay que concentrarse en las relaciones personales más importantes, como la familia y los seres queridos. El disco invita a buscar la libertad personal y la paz y a dejar a un lado lo trivial.

Juanes escribió la letra y la música de todos los temas durante los dos años anteriores a la publicación del disco. Después de la última gira de promoción de *Mi sangre*, se tomó un período sabático para trabajar en el nuevo disco. Juanes, que toca la guitarra en todas sus canciones, grabó las guitarras, las voces y algunos teclados[44] en su propio estudio, que se encuentra en las montañas de Medellín. Los demás instrumentos, baterías[45], bajos[46] y el resto de los teclados se grabaron en Los Ángeles.

Después del éxito de *La vida es un ratico*, en diciembre de 2010, Juanes publicó *P.A.R.C.E.* El primer single de este álbum fue *Yerbatero*, que se presentó en el concierto de inauguración[47] del Mundial de Fútbol de Sudáfrica en junio de 2010, donde compartió escenario con Shakira, Alicia Keys y Black-Eyed Peas. Dos meses después de esta presentación, *Yerbatero* llegó al número 1 del Hot Latin Songs de la revista *Billboard* y se convirtió en la canción en español más escuchada en las radios de Estados Unidos. Antes de publicar *P.A.R.C.E*, el artista escribió en su cuenta de

---

GLOSARIO

[43] **en un abrir y cerrar de ojos**: en un momento, muy rápidamente [44] **teclado**: instrumento que tienen teclas, como el piano o el órgano [45] **batería**: instrumento de percusión muy común en las bandas de rock [46] **bajo**: instrumento de cuatro cuerdas que produce sonidos graves [47] **inauguración**: apertura o comienzo oficial de algo

24

Twitter: «Voy a empezar a estar un poco más conectado con ustedes. He estado trabajando en el álbum, pero ya está más avanzado, así que *no problem*». Y continuó: «Ahora viene un nuevo viaje, una nueva etapa[48] en mi vida, tanto en la parte personal como en la carrera».

Juanes ha grabado duetos no solo con Nelly Furtado, sino también con Black Eyed Peas, Tony Bennett, Miguel Bosé, Raphael y Colbie Caillat, entre otros. Grabó también una nueva versión de *La Tierra* con Herbie Hancock, la leyenda del jazz. Esta canción, que Juanes escribió en 1996, muchos la consideran hoy el segundo himno nacional de Colombia.

GLOSARIO
[48] **etapa**: fase, momento

4. Hacia el fin de la violencia en Colombia

«Hagamos todos una bandera de manos»

Desde hace varias décadas, Colombia vive en un clima de violencia. Para entender la situación del país hay que retroceder[1] hasta los años sesenta. En aquella época gobernaba el Frente Nacional: un acuerdo entre los partidos conservador y liberal en el que no había lugar para otras corrientes políticas. Los campesinos[2] colombianos vivían oprimidos[3] y en condiciones muy duras. Exigían[4] una reforma agraria[5], pero esta no llegaba. No tenían voz ni alternativas, así que decidieron tomar las armas[6], organizarse en forma de guerrilla y enfrentarse al[7] Gobierno.

La guerrilla colombiana comenzó con dos grupos armados. El primero es las FARC (Fuerzas Armadas Revolucionarias de Colombia), de ideología marxista-leninista y que en sus comienzos luchaba por la reforma agraria. El segundo es el ELN (Ejército de Liberación Nacional), que surgió a partir de una revuelta estudiantil inspirada en la Revolución cubana y las ideas del Che Guevara.

Las FARC son hoy el grupo armado más importante del país.

GLOSARIO

[1] **retroceder**: volver hacia atrás [2] **campesino**: persona que trabaja el campo [3] **oprimido**: humillado, esclavizado, sin libertad [4] **exigir**: pedir con vehemencia [5] **reforma agraria**: reforma política que se hace para modificar la estructura de propiedad de la tierra [6] **tomar las armas**: utilizar la violencia [7] **enfrentarse a**: luchar contra

26

En sus comienzos luchaban para terminar con la oligarquía[8] colombiana y para defender el famoso lema «la tierra para el que la trabaja». Para luchar contra las guerrillas, el Gobierno recurrió también a las armas y comenzó a intervenir muy violentamente en pueblos de campesinos que buscaban una alternativa política.

Poco después los terratenientes, es decir, los propietarios de tierras y de grandes extensiones agrícolas, también se unieron a la lucha para defender sus tierras y sus privilegios. Formaron milicias rurales[9] que tenían el apoyo del Gobierno. Eran grupos paramilitares de derechas[10], también armados, que hoy se conocen como los «paras» (abreviatura de paramilitares). Poco a poco, el conflicto se fue haciendo más duro y más violento.

Aunque en sus orígenes los grupos armados luchaban por objetivos justos como el reparto[11] de la tierra, la igualdad de derechos[12] y la dignidad[13] de los campesinos, esos objetivos se han ido perdiendo con el tiempo y hoy queda poco de esos ideales. Actualmente, la principal motivación para la lucha es el narcotráfico[14], uno de los problemas más graves del país.

Desde los años ochenta, los distintos Gobiernos colombianos han intentado poner en marcha[15] varios planes de desarme[16] con diferentes políticas: de negociación, de «tolerancia cero[17]» o de inserción[18] de guerrilleros, pero ninguno ha funcionado. Las FARC y los paramilitares siguen en guerra y es la población colombiana quien sufre las consecuencias.

Las FARC se financian a través de distintos métodos: el se-

GLOSARIO

[8] **oligarquía**: gobierno en el que un grupo pequeño de personas tiene todo el poder [9] **milicia rural**: grupo armado de personas que actúa fuera de las ciudades [10] **de derechas**: que defiende una ideología conservadora [11] **reparto**: distribución [12] **igualdad de derechos**: situación en la que todas las personas tienen los mismos derechos [13] **dignidad**: autoestima, orgullo [14] **narcotráfico**: comercio con drogas ilegales en grandes cantidades [15] **poner en marcha**: comenzar, aplicar [16] **plan de desarme**: intento de sustituir las armas por otros medios [17] **tolerancia cero**: doctrina por la que se castiga rápida y duramente cualquier delito [18] **inserción**: integración en la sociedad

cuestro[19], el narcotráfico, la extorsión[20] y el tráfico de armas[21]. Para conseguir sus objetivos, recurren además a[22] la tortura[23], el asesinato[24], los atentados con coches bomba y las minas antipersona[25]. Entre los años 2002 y 2010 en Colombia ha habido unos 20 000 secuestros, la mayoría por parte de los guerrilleros. Las víctimas reciben un trato brutal y los secuestradores, a menudo, los atan[26] a los árboles para evitar las fugas[27]. Colombia es en este momento el país con el mayor número de secuestros del mundo.

Las minas antipersona: una de las luchas de Juanes

Las minas antipersona son uno de los problemas más graves de Colombia, que es también el país con el mayor número de personas mutiladas[28] por estas armas. Las minas están repartidas por más de la mitad del territorio colombiano y las víctimas son tanto militares como civiles. Entre estos últimos, más de la mitad son niños.

Las minas antipersona no están diseñadas para matar, sino para mutilar e incapacitar a las víctimas. Sus efectos son de larga duración, tanto física como psicológica, y algunos no desaparecen nunca. Después de la asistencia médica, las víctimas tienen que pasar por un largo proceso de rehabilitación y necesitan a menudo una prótesis[29] para poder moverse. Además, necesitan ayuda psicológica para recuperar[30] la dignidad y las ganas de vivir.

El conflicto en Colombia aún sigue vivo. La solución es difícil, pero muchos colombianos han tomado conciencia[31] del problema

---

GLOSARIO

[19] **secuestro**: mantener prisionera a una persona para exigir dinero por su rescate [20] **extorsión**: amenaza, presión para conseguir dinero de una persona [21] **tráfico de armas**: comercio ilegal con armas [22] **recurrir a**: utilizar [23] **tortura**: dolor físico o psíquico que se le causa a alguien para conseguir información de él o como castigo [24] **asesinato**: acción de matar a alguien intencionadamente [25] **mina antipersona**: explosivo que se mete debajo de la tierra y explota cuando alguien lo pisa [26] **atar**: unir con una cuerda o similar [27] **fuga**: huida, evasión [28] **mutilado**: que le falta una parte del cuerpo [29] **prótesis**: pieza artificial que sustituye a una parte del cuerpo que falta [30] **recuperar**: volver a tener [31] **tomar conciencia**: darse cuenta

y quieren buscar soluciones y conseguir la libertad y la paz para el país. Juanes es uno de ellos. Durante varios años participó en actividades para recaudar fondos[32] para los niños víctimas de las minas antipersona y finalmente, en 2006, decidió crear su propia fundación. Así nació la Fundación Mi Sangre, que tiene el objetivo de ayudar a las víctimas en su rehabilitación física y psicológica.

GLOSARIO
[32] **recaudar fondos**: conseguir dinero para una causa, normalmente benéfica o solidaria

Un grito[1] contra la guerra

Muchas de las canciones de Juanes denuncian los problemas de Colombia. *Bandera*[2] *de manos*, por ejemplo, de su disco *La vida es un ratico*, es un grito contra la guerra, un llamamiento al fin de la violencia y por la paz. Así empieza *Bandera de manos*:

> Hagamos[3] todos una bandera con manos negras,
> una bandera con manos blancas
> por un mundo mejor en este momento.
> Hagamos todos una bandera con manos mestizas,
> una bandera con manos inmigrantes
> por un mundo mejor.
>
> Ya que estamos cansados
> de tantas historias vencidas,
> tantas promesas nunca cumplidas[4],
> alcemos[5] el alma y la voz

GLOSARIO

[1] **grito**: (aquí) manifestación fuerte, intensa y en voz muy alta de un sentimiento
[2] **bandera**: tela con los colores oficiales de un país [3] **hagamos**: primera persona del plural del imperativo de «hacer» [4] **cumplir**: llevar a cabo, realizar
[5] **alcemos**: primera persona del plural del imperativo de «alzar»: levantar, elevar, hacer más alto

La Fundación Mi Sangre trabaja para proteger a la infancia de las minas antipersona. Juanes es el fundador de esta ONG/FMS

4. Fundación Mi Sangre

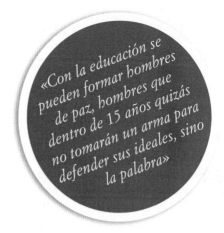

«Con la educación se pueden formar hombres de paz, hombres que dentro de 15 años quizás no tomarán un arma para defender sus ideales, sino la palabra»

Juanes ha demostrado desde sus inicios como artista que es una persona solidaria y se ha convertido en uno de los mayores líderes sociales del momento. Ya en su primer disco en solitario, *Fíjate bien*, había varias canciones con letras que denunciaban[1] el horror de la guerra y la injusticia social.

Juanes es un hombre cercano[2] y consciente de los problemas del mundo, y especialmente de su país. Dedica mucho tiempo a su activismo político, que va más allá de las apasionadas letras de sus canciones. Apoya muchas causas a favor de los derechos humanos y es una de las personalidades más activas en la lucha contra las minas antipersona. Esta lucha comenzó en el año 2006, cuando decidió crear la Fundación Mi Sangre. Esta fundación es una organización sin ánimo de lucro[3] que tiene como objetivo ayudar a los niños de Colombia, ya que son estos quienes deben construir la paz en el futuro. La Fundación realiza un importante trabajo de información acerca de los problemas que la violencia causa en la infancia[4], y este trabajo ha sido reconocido internacionalmente como uno de los mejores en contra de las minas antipersona, tanto en Colombia como en el resto del mundo. El propio Juanes descri-

---

GLOSARIO
[1] **denunciar**: difundir o declarar públicamente una situación ilegal o inconveniente [2] **cercano**: que está o se siente cerca [3] **sin ánimo de lucro**: que no tiene fines comerciales [4] **infancia**: niños

be así el problema: «Una mina, cuando estalla[5], se lleva la vida, se lleva la esperanza, se lleva el futuro, se lleva la tierra y trae, además, muchísimo dolor, muchísima tristeza, muchísima frustración. Pero sobre todo se lleva la esperanza y eso es muy muy delicado».

Conferencias y conciertos: instrumentos para la lucha social
En el año 2006, Juanes organizó en Los Ángeles Colombia Sin Minas, un concierto a favor de las víctimas de las minas antipersona que fue un éxito total. El objetivo era dar a conocer el problema y la crisis humanitaria de Colombia. Pero también sirvió para recaudar fondos para la creación del Parque de la Paz en Medellín, con juegos especialmente adaptados para personas con discapacidades diferentes[6].

Además, en el año 2009 participó como orador[7] de honor en la Cumbre de Cartagena, celebrada para luchar por la eliminación de todas las minas antipersona del mundo. Poco después dio un concierto en la sala principal del Parlamento de la Unión Europea. Era la primera vez que un cantante intervenía[8] en el Parlamento y el acto fue una muestra del apoyo de la Eurocámara a la causa antiminas. Con él consiguió una donación[9] de dos millones y medio de euros para la causa.

Según la revista *Time*, Juanes es hoy uno de los cien hombres más influyentes del mundo. Gracias a su popularidad puede continuar con la labor social de la Fundación Mi Sangre en Colombia y de sus conciertos Paz Sin Fronteras en todo el mundo. Como él mismo explica, la Fundación quiere hacer visible[10] lo que la gente no ve, explicarle a la gente los problemas que existen. «El solo hecho de hablar en reuniones o con amigos del tema ya es muy importante», añade.

GLOSARIO
[5] **estallar**: explotar [6] **con discapacidades diferentes**: con alguna discapacidad física o mental [7] **orador**: persona que habla en público [8] **intervenir**: participar [9] **donación**: dinero que se da para una causa benéfica [10] **visible**: que se ve

A finales de 2009 el Programa de las Naciones Unidas para el Desarrollo (PNUD) le concedió el Premio Nacional de Paz en la categoría honoraria[11]: «Juanes es el artista que parece más comprometido con los problemas que el conflicto armado genera en Colombia, pero también con los que se crean por la falta de entendimiento[12] entre los Gobiernos y los pueblos». Con estas palabras reconoció su trabajo a favor de las víctimas del conflicto armado colombiano y el entendimiento de los pueblos.

Durante ese mismo año, Juanes participó activamente en la conferencia de revisión del tratado de Ottawa. Esta cumbre, en la que se reúnen representantes de más de 156 países, es una parte importante del tratado internacional en contra de las minas antipersona. Además, participó como moderador del debate internacional Todas las Voces. En él, la sociedad civil colombiana pudo exponer[13] ante los Gobiernos y la comunidad internacional las iniciativas que se están desarrollando para hacer desaparecer las minas.

GLOSARIO
[11] **honorario**: que sirve para honrar o reconocer el trabajo de alguien [12] **entendimiento**: comprensión, convivencia pacífica [13] **exponer**: explicar, argumentar

La infancia y el conflicto armado en Colombia

Otro de los problemas que genera el conflicto armado en Colombia es el de los desplazados internos. Son personas que tienen que abandonar el lugar donde viven por razones políticas, económicas o de otro tipo, pero que no salen del país. Colombia es uno de los países con mayor número de desplazados internos por causa del conflicto armado y el narcotráfico. Muchos de ellos son niños y adolescentes.

> Se calcula que en Colombia hay 15 millones de personas menores de 18 años, es decir, el 37% de la población total.
> El número estimado de niños que participan en grupos armados ilegales está entre 8000, según el Ministerio de Defensa, y 11000, según fuentes no gubernamentales.
> Hasta el año 2009 había 1124128 niños desplazados.
> Entre 1990 y 2009, 780 niños fueron víctimas de minas antipersona y de bombas sin explotar, y se calcula que hay 14 800 niños que son víctimas indirectas de minas.

Juanes en la Fundación Mi Sangre

Juanes es un ciudadano informado y responsable, capaz de aceptar la diferencia y convencido de que los niños colombianos son los verdaderos protagonistas del cambio. Por eso, en 2006 creó la Fundación Mi Sangre, que actualmente lucha por conseguir la participación de los niños en la construcción de la paz en Colombia. «Puede ser una forma de saldar deudas[14] históricas irresueltas[15] a favor de nuestros pequeños, porque ellos son la reserva de esperanza más grande que tenemos». Ellos son los únicos que pueden poner fin a la guerra en Colombia.

Para ello, la educación es fundamental: «La educación es la verdadera revolución, y yo lo siento así. Yo creo que tenemos que tomar la palabra[16] y defender nuestros ideales en ese terreno, no con las armas. Esa es otra de las bases de la Fundación. Nosotros pensamos que con la educación se pueden formar hombres de paz, hombres que dentro de 15 años quizás no tomarán un arma para defender sus ideales, sino la palabra».

John Ferney, un adolescente que perdió un pie por la explosión de una mina, es un ejemplo de la situación en la que se encuentran los jóvenes que están en la Fundación: «Para muchas personas es muy difícil sobrevivir sin un pie. Para mí es muy duro. A uno le da la nostalgia y unos deseos que… Uno ve el cuerpo completo de los otros compañeros y se pone a[17] pensar. Pero, por ejemplo, ahora que me falta[18] el pie me siento como más entusiasmado para seguir, porque mi vida no acabó cuando esa mina me destrozó[19] el pie».

Mi Sangre actúa además como enlace[20] entre las comunidades locales y las comunidades nacional e internacional, informa sobre los problemas de los niños afectados por las minas y por el conflicto en Colombia y propone alternativas para buscar soluciones. No solo ayuda a niños y adolescentes víctimas de las minas,

---

GLOSARIO

[14] **saldar deudas**: pagar algo que se debe [15] **irresuelto**: que no está resuelto o solucionado, que no se ha encontrado una solución para ello [16] **tomar la palabra**: hablar [17] **ponerse a**: empezar a [18] **faltar**: no estar algo que debería estar [19] **destrozar**: destruir [20] **enlace**: unión, vínculo

sino también a jóvenes vulnerables[21] a minas que no han explotado aún. Por eso la educación y la prevención[22] son la base de su trabajo: educa e imparte los conocimientos necesarios a los niños que corren el riesgo[23] de encontrarse con una mina. Así intenta reducir[24] el número de víctimas. La Fundación actúa sobre todo en las regiones más afectadas de Colombia para conseguir la rehabilitación de las víctimas del conflicto. La rehabilitación se considera un paso fundamental en el camino hacia la paz en Colombia.

La Fundación es conocida por su transparencia económica y está lejos de cualquier influencia política. Juanes resume así lo que significa para él: «Mi Sangre es pasión, Mi Sangre es vida, es fuerza, es amor, es dolor también, es sufrimiento. Pero, sobre todas las cosas, creo que Mi Sangre tiene que ver con algo positivo, con la vida».

La población civil: la gran víctima del conflicto armado[25] en Colombia
La población civil es la que sufre las consecuencias del conflicto armado. La mitad de las víctimas de las minas antipersona y de las bombas sin explotar que usan los grupos armados son civiles. En 2006, Colombia y Afganistán eran los dos únicos países en los que grupos armados ilegales seguían utilizando estas armas.

En 2005 y 2006, Colombia fue el país con mayor número de nuevas víctimas. Afortunadamente, esta situación mejoró en los años 2008 y 2009, pero sigue habiendo una enorme[26] cantidad de víctimas y comunidades que necesitan ayuda. Según el Programa Presidencial de Acción Integral Contra Minas Antipersona de Colombia, entre 1990 y 2009 hubo 8034 víctimas. De ellas, 717 son niños y adolescentes. Además, se calcula que cerca de 8000 niños y adolescentes son víctimas indirectas o están en situación de vulnerabilidad. Entre 2003 y 2006 murieron 3772 menores de 18

GLOSARIO
[21] **vulnerable**: débil, delicado, que puede sufrir una herida [22] **prevención**: preparación para evitar un problema [23] **correr un riesgo**: estar en peligro [24] **reducir**: rebajar el número de algo [25] **conflicto armado**: guerra [26] **enorme**: muy grande

años en circunstancias violentas, y otros 896 en matanzas cometidas por grupos armados ilegales. De nuevo, John Ferney describe la situa-ción: «¿Colombia? No se [...] tenemos un problema grande: somos el país número 1 con el problema de las minas antipersona. Pero yo conocí a Juanes y me dijo que podía contar con[27] él».

Además de los daños físicos y psicológicos, estos niños y ado-lescentes tienen más tarde problemas sociales, especialmente el rechazo[28] por parte de la sociedad y el abandono escolar. Pero solo el hecho de vivir en un territorio minado ya puede afectar a un niño porque ve los accidentes que sufren sus amigos y familiares, vive con miedo y no puede tener una infancia feliz. Como conse-cuencia, puede no llegar a convertirse en un adulto sano y puede perpetuar[29] el círculo vicioso[30] de la guerra. Por eso Juanes y su fundación se centran en los niños para trabajar desde el principio mediante la educación. Juanes explica que su sueño es «ver a mis hijas crecer igual que al resto de niños de Colombia, porque ver a los niños de Colombia crecer es vivir en un país en paz. Quiero en-contrar eso algún día: que podamos disfrutar de un país hermoso como este sin temores[31]».

GLOSARIO

[27] **contar con**: (aquí) recibir ayuda de [28] **rechazo**: actitud por la cual no se acepta a una per-sona [29] **perpetuar**: continuar hasta la eternidad [30] **círculo vicioso**: situación que se repite y no tiene final [31] **temor**: miedo

pista 10

38

«Fíjate bien»

Este es un fragmento de la canción *Fíjate bien*:

Te han quitado[1] lo que tienes,
te han robado el pan del día,
te han sacado de tus tierras
y no parece que termina aquí.
Despojado[2] de tu casa
vas sin rumbo[3] en la ciudad.
Sos el hijo de la nada,
Sos la vida que se va.
Son los niños, son los viejos,
son las madres, somos todos caminando.
No te olvides de esto no, no, no.

GLOSARIO
[1] **quitar**: robar [2] **despojar**: quitar [3] **rumbo**: dirección

6. Paz Sin Fronteras

«La paz es un templo que no admite ni vencedores ni vencidos»

Además de su trabajo con la Fundación, Juanes se ha ganado el reconocimiento internacional por ser el cofundador y el principal promotor de los conciertos Paz Sin Fronteras. Estos conciertos tienen como objetivo unir a los ciudadanos de nacionalidades e ideologías diferentes y promover[1] alternativas no violentas para resolver conflictos.

Conciertos Paz Sin Fronteras

El primer concierto Paz Sin Fronteras se celebró en el año 2008 en la frontera entre Venezuela, Colombia y Ecuador. El objetivo era ayudar a resolver[2] la crisis diplomática entre esos tres países. Aunque se organizó en solo una semana, este primer concierto unió a más de 200 000 espectadores y a millones de telespectadores por un fin común: pedir a sus gobernantes un esfuerzo[3] para mantener la paz en la región.

El segundo de estos conciertos tuvo lugar en Cuba en septiembre de 2009 y coincidió con el Día Internacional de la Paz, declarado por las Naciones Unidas. La organización del concierto fue muy complicada, pero finalmente casi un millón y medio de

---

GLOSARIO
[1] **promover**: fomentar, defender [2] **resolver**: solucionar [3] **esfuerzo**: trabajo duro

personas llenaron la Plaza de la Revolución de La Habana. Fue una impresionante manifestación de unidad y de esperanza. El objetivo del público era formar «una sola familia cubana». En los medios de todo el mundo se habló del concierto. La cadena CNN, por ejemplo, dijo que había sido «un enorme éxito, en el que Juanes se ganó el cariño de todo el pueblo cubano». Por su parte, *The Economist* dijo que ese día había significado «un cambio importante en la relación entre Estados Unidos y Cuba».

Paz Sin Fronteras nació para defender el derecho a una paz sin límites porque la paz es la base de todos los derechos humanos. Muchos artistas participaron en el concierto de La Habana: Alejandro Sanz, Orishas, Silvio Rodríguez, Juan Luis Guerra, Miguel Bosé, Luis Eduardo Aute y Víctor Manuel, entre muchos otros. Se leyó un manifiesto que incluye los motivos principales de sus reivindicaciones[4]: «Tanto la paz como el vivir en paz son para el hombre derechos fundamentales, universales, prioritarios[5], urgentes y no negociables. Sin paz no hay futuro. No es ni una advertencia[6] ni una amenaza[7], no. Es un axioma[8]. La convivencia es en sí[9] un arte. Para conseguirla hace falta compromiso, esfuerzo, diálogo, voluntad[10] [...]. La búsqueda de la paz debe implicarnos a todos con entusiasmo y determinación[11]. La paz es un templo que no admite ni vencedores ni vencidos».

Pero a pesar del éxito, el concierto en La Habana fue muy polémico. Mucha gente se opuso a él y muchos exiliados cubanos en Miami lo criticaron duramente. Juanes ha explicado que lo pensó mucho y dudó varias veces cuando empezó a planearlo. Pero al final decidió seguir adelante porque el objetivo principal era más fuerte que sus dudas: fomentar la tolerancia y unir a los pueblos a través de la música. Juanes sabe que «hay un dolor muy profundo

---

GLOSARIO

[4] **reivindicación**: acción de exigir el cumplimiento de un derecho [5] **prioritario**: muy importante [6] **advertencia**: aviso [7] **amenaza**: provocación para intimidar [8] **axioma**: proposición clara y evidente que no es necesario demostrar [9] **en sí**: por sí mismo [10] **voluntad**: deseo [11] **determinación**: decisión, voluntad

en el exilio, pero también hay entendimiento», y lamenta mucho «haber causado, digamos, este mal momento». Se le acusó[12] de comunista y de tener intenciones políticas al celebrar el concierto. Se dijo que con él quería legitimar el Gobierno de Fidel y Raúl Castro en Cuba. Incluso lo amenazaron de muerte a través de Twitter: «Odio lo que estás diciendo, pero morirás defendiendo tu derecho a decirlo», decía una de las amenazas. Fueron días difíciles: «En algún momento mi familia tuvo miedo, igual que yo, mas como padre, como marido. Pero al mismo tiempo sé que la gente del exilio cubano es muy buena gente». Juanes sabía que ese concierto iba a generar polémica, pero a pesar de las acusaciones, las críticas y las amenazas, Juanes no perdió la calma[13]. Tenía el apoyo de artistas internacionalmente reconocidos y, sobre todo, tenía el apoyo del público. Hubo muchísima gente y el concierto fue un éxito. Juanes dijo después del concierto: «En todas las reacciones, en todas las cosas que han pasado en este concierto está la respuesta [...]. Se trata de eso, de ir con la música y tocar en lugares donde normalmente no se puede tocar».

Un mes después del concierto de La Habana los sondeos mostraban datos interesantes: la mayoría de los exiliados que se había opuesto al concierto, al final, lo apoyó y reconoció la labor de Juanes. Estaban contentos porque Juanes había concentrado sus esfuerzos en conseguir la unidad de los cubanos. Varios lo describieron incluso como un héroe por su llamamiento[14] a «Cuba, una sola familia». La iniciativa[15] de Juanes fue una invitación a la reconciliación[16] y el diálogo que tuvo mucho impacto en la sociedad cubana dentro y fuera de la isla.

Como reconocimiento a su labor diplomática, el presidente colombiano describió a Juanes como «el embajador más importante de Colombia». También en 2005, *Sir* Paul McCartney lo

GLOSARIO

[12] **acusar**: culpar, denunciar, reprochar, anunciar que alguien es culpable de algo [13] **perder la calma**: ponerse nervioso [14] **llamamiento**: apelación, invitación [15] **iniciativa**: decisión que se toma para dar comienzo a algo [16] **reconciliación**: recuperar las buenas relaciones

distinguió[17] durante el concierto Adopt-a-Minefield. Poco después recibió el título de Caballero de la Orden de las Artes y las Letras de la República Francesa. En 2008, la Organización de Estados Americanos lo nombró personaje humanitario del año. Además, Juanes recibió en Colombia el prestigioso Premio Nacional de la Paz, elegido por el Programa para el Desarrollo de la Organización de las Naciones Unidas (UNDP) y por representantes de los medios de comunicación colombianos.

A finales de 2010 Juanes recibió el Premio Príncipe de Asturias de la Concordia. Dos años antes lo había recibido Ingrid Betancourt, una política colombiana que estuvo secuestrada por las FARC durante seis años. Ambos luchan hoy por la paz en su país, y esta lucha se reconoce en todo el mundo.

GLOSARIO
[17] **distinguir**: reconocer, valorar positivamente

«*Destino*»

Este es un fragmento de la canción *Destino*, del álbum
Fíjate bien:

Todo el mundo tiene una estrella
que muestra[1] el camino, pero no los peligros[2].
Todo el mundo va con ojos ciegos[3]
dejando la vida pasar.
Y todo el mundo tiene un destino[4]
que aunque no creamos, de seguro cumplimos[5].
Y todo el mundo va con ojos ciegos
dejando la vida pasar.

GLOSARIO

[1] **mostrar**: enseñar, dejar ver [2] **peligro**: riesgo [3] **ciego**: que no ve [4] **destino**:
camino decidido por una fuerza exterior [5] **cumplir**: hacer, llevar a cabo

Notas culturales

3. Su trayectoria musical

cumbia, guasca y vallenato: La cumbia es un ritmo y un baile folclórico de la costa del Caribe de Colombia y de Panamá, aunque también existen adaptaciones en otros países latinoamericanos. La guasca es un género musical del departamento colombiano de Antioquia. Es una música popular y sencilla y que se caracteriza por el humor. Betania es «la capital de la música guasca» y celebra cada año un concurso de esta música.

El vallenato es un género musical de la costa del Caribe colombiano, especialmente al sur de La Guajira, al norte del Cesar y al oriente del Magdalena. Es popular en todo el país y también en Venezuela, Panamá, Ecuador y México.

«parce»: Abreviatura de la palabra «parcero», que en lenguaje coloquial de Colombia significa amigo o compañero.

4. Hacia el fin de la violencia en Colombia

«la tierra para el que la trabaja»: Lema que hizo famoso el líder militar Emiliano Zapata durante la Revolución mexicana de 1910.

5. Fundación Mi Sangre

sos: El voseo es un fenómeno lingüístico en el que se utiliza el pronombre «vos» en lugar de «tú» y se modifica también la forma verbal con la que concuerda. En el caso del verbo ser, la forma «eres» se sustituye por «sos». En vez de «tú eres», por tanto, se dice «vos sos». Hay varios tipos de voseo y su uso es diferente según las zonas en las que se usa.

6. Paz Sin Fronteras

Premio Príncipe de Asturias de la Concordia: Los Premios Príncipe de Asturias son unos de los premios más importantes de España. Los entrega el príncipe de Asturias, don Felipe de Borbón. El Premio de la Concordia lo reciben personas o entidades que han contribuido al progreso de las relaciones y a la fraternidad entre los pueblos.

Glosario

ESPAÑOL	INGLÉS	FRANCÉS	ALEMÁN

1. Perfil de un hombre comprometido

[1] comprometido	socially-committed	engagé	engagiert
[2] labor	work	engagement	Arbeit
[3] aumentar	to grow	augmenter	wachsen
[4] esforzarse por	to strive to	faire des efforts pour	sich um etw bemühen
[5] influyente	influential	influent	einflussreich
[6] trayectoria	career	trajectoire	Laufbahn
[7] no hay duda de que	there is no doubt that	il n'y a aucun doute que	es besteht kein Zweifel, dass
[8] orgulloso	proud	fier	stolz
[9] tierra	country	pays	Heimat
[10] paz	peace	paix	Frieden
[11] protagonista	leading actor	protagoniste	Hauptfigur
[12] a través de	though/by means of	à travers	durch
[13] dar a conocer	to raise awareness	faire connaître	publik machen
[14] agotar(se)	to sell out	être vendu	ausverkaufen
[15] recorrido	journey	parcours	Streifzug
[16] valer la pena	to be worth (it)	valoir la peine	sich lohnen

2. Su vida

[1] familia numerosa	large family	famille nombreuse	Großfamilie
[2] abandonar	to leave (something)	quitter	aufgeben
[3] preocuparse por	to worry about (something)	s'inquiéter	sich Sorgen machen um
[4] ratico	passing phase	petit moment	Augenblick
[5] robar	to steal	voler	stehlen
[6] disfrutar	to enjoy (yourself)	bien aimer/être heureux	genießen
[7] escenario	(on) stage	scène	Bühne
[8] tarima	stage / platform	estrade	Podium
[9] pendiente	earring	boucle d'oreille	Ohrring
[10] terco	firm / obstinate	têtu	dickköpfig
[11] disolverse	to disband	se séparer	sich auflösen
[12] Diseño Industrial	industrial design	dessin industriel	Industriedesign
[13] gira	tour	tournée	Tournee
[14] presupuesto	budget	budget	Budget

ESPAÑOL	INGLÉS	FRANCÉS	ALEMÁN
[15] **soportar**	to put up with	supporter	ertragen
[16] **incomodidad**	discomfort	difficulté	Unbequemlichkeit
[17] **en solitario**	solo	en solitaire/en solo	im Alleingang
[18] **pena**	sadness	tristesse	Kummer
[19] **llorar**	to cry / to weep	pleurer	weinen
[20] **apoyo**	backing	soutien	Unterstützung
[21] **en la distancia**	(from) far away	à distance	aus der Ferne
[22] **caminar**	to go on foot / to	marcher	zu Fuß gehen
[23] **servicio de**	walk	technicien de	Reinigungspersonal
limpieza	cleaning staff	surface	
[24] **humilde**	humble	humble	bescheiden
[25] **timido**	shy	timide	schüchtern

La vida es un ratico

[1] **que cambie todo**	Let it all change	que tout change	Auf dass sich alles ändert
[2] **escaso**	rare	rare	selten
[3] **tejer**	to weave	tisser	verknüpfen
[4] **estar atado de (pies y) manos**	to have your hands tied	avoir les pieds et poings liés	jdm sind die Hände (und Füße) gebunden

3. Su trayectoria musical

[1] **década**	decade	décennie	Jahrzehnt
[2] **firme**	firm	ferme	fest
[3] **creencia**	belief	conviction	Glaube
[4] **herramienta**	tool	outil	Werkzeug
[5] **romper**	to break	casser	kaputtgehen
[6] **por casualidad**	by chance	par hasard	zufällig
[7] **darse cuenta de algo**	to realise	se rendre compte de	merken
[8] **contusión**	bruise	contusion	Prellung
[9] **voz**	voice, vocals	voix	Gesang
[10] **anterior**	previous	précedent	vorige(s/r)
[11] **injusto**	unjust	injuste	ungerecht
[12] **inocente**	innocent	innocent	unschuldig
[13] **lucha**	struggle	lutte	Kampf
[14] **éxito**	success	succès	Erfolg
[15] **asombroso**	amazing	spectaculaire	erstaunlich
[16] **acabar de empezar**	to have just started	venir de commencer	gerade anfangen
[17] **integrante**	member	membre	Mitglied
[18] **único**	unique/the only one	unique	einzigartig

ESPAÑOL	INGLÉS	FRANCÉS	ALEMÁN	47
¹⁹ sangre	blood	sang	Blut	
²⁰ cuidar	to take care of	prendre soin de	behüten	
²¹ oponerse a	to oppose	être contre	sich auflehnen gegen	
²² resolución	resolution	résolution	Auflösung	
²³ por medio de	by means of/through	par	durch	
²⁴ seguidor	fan	fan	Anhänger	
²⁵ esperanza	hope	espoir	Hoffnung	
²⁶ reconocimiento	award/recognition	honneurs	Anerkennung	
²⁷ fijarse	to notice	faire attention	Acht geben	
²⁸ joya	jewel	bijou	Schmuckstück	
²⁹ suave	gentle/soft	doux	sanft	
³⁰ tener cuidado	to be careful	faire attention	aufpassen	
³¹ pisar	to step	poser le pied	(auf)treten	
³² no vaya a ser que	lest	pour éviter que	nicht, dass	
³³ desbaratar	to ruin/to wreck	détruire	zerstören	
³⁴ destacar	to stand out	se démarquer	hervorstechen	
³⁵ profundizar	to go deep into	approfondir	sich in etw vertiefen	
³⁶ camerino	dressing room	loge	Künstlergarderobe	
³⁷ sufrir	to suffer	souffrir	leiden	
³⁸ sencillo	simple	simple	einfach	
³⁹ supervivencia	survival	survie	Überleben	
⁴⁰ soledad	loneliness	solitude	Einsamkeit	
⁴¹ recuerdo	(a) memory	souvenir	Erinnerung	
⁴² anhelo	longing	désir	Sehnsucht	
⁴³ en un abrir y cerrar de ojos	in a blink of an eye	en un clin d'oeil	in einem Augenaufschlag	
⁴⁴ teclado	keyboard	clavier	Tasteninstrument	
⁴⁵ batería	drums	batterie	Schlagzeug	
⁴⁶ bajo	bass guitar	basse	Bass	
⁴⁷ inauguración	opening ceremony	inauguration	Eröffnung	
⁴⁸ etapa	phase	étape	Etappe	

Me enamora

ESPAÑOL	INGLÉS	FRANCÉS	ALEMÁN
¹ referencia	landmark	référence	Referenz
² remolino	maelstrom	tourbillon	Wirbelwind
³ ceniza	ash	cendre	Asche
⁴ volar	to fly	voler	fliegen
⁵ viento	wind	vent	Wind

ESPAÑOL	INGLÉS	FRANCÉS	ALEMÁN

4. Hacia el fin de la violencia en Colombia

1 retroceder	to go back (in time)	remonter	zurückgehen
2 campesino	peasant	paysan	Bauern
3 oprimido	oppressed	opprimé	unterdrückt
4 exigir	to demand	exiger	fordern
5 reforma agraria	agrarian reform	réforme agraire	Agrarreform
6 tomar las armas	to take up arms	prendre les armes	zu den Waffen greifen
7 enfrentarse a	to confront	affronter	sich gegenüberstellen
8 oligarquía	oligarchy	oligarchie	Oligarchie (Herrschaft Weniger)
9 milicia rural	rural militia	milice rurale	ländliche Miliz
10 de derechas	right-wing	de droite	rechtsgerichtet
11 reparto	sharing/division	distribution	Aufteilung
12 igualdad de derechos	equiality of rights	égalité des droits	Gleichberechtigung
13 dignidad	dignity	dignité	Würde
14 narcotráfico	drug-dealing	trafic de stupéfiants	Drogenhandel
15 poner en marcha	to set in motion	appliquer	in Bewegung setzen
16 plan de desarme	disarmament plan	programme de désarmement	Entwaffnungs-projekte
17 tolerancia cero	zero tolerance	tolérance zéro	Null-Toleranz
18 inserción	re-integration (into society)	insertion	soziale Eingliederung
19 secuestro	kidnapping	enlèvement	Entführung
20 extorsión	extorsion	extorsion	Erpressung
21 tráfico de armas	arms dealing	trafic d'armes	Waffenhandel
22 recurrir a	to resort to	avoir recours à	greifen zu
23 tortura	torture	torture	Folter
24 asesinato	murder	assassinat	Mord
25 mina antipersona	anti-personnel mine	mine antipersonnelle	Antipersonenmine
26 atar	to tie up	attacher	fesseln
27 fuga	escape	évasion	Flucht
28 mutilado	mutilated	mutilé	verkrüppelt
29 prótesis	artificial limb	prothèse	Prothese
30 recuperar	to recover	retrouver	zurückgewinnen
31 tomar conciencia	to raise awareness	prendre conscience	sich einer Sache bewusst werden
32 recaudar fondos	to fundraise	collecter des fonds	Geld sammeln

ESPAÑOL	INGLÉS	FRANCÉS	ALEMÁN	49

Un grito contra la guerra

1 grito	cry	cri	Aufschrei
2 bandera	flag	drapeau	Flagge
3 hagamos	Let's make/do...	faisons	Lasst uns...machen
4 cumplir	to keep (a promise)	tenir	einhalten
5 alcemos	let us raise	élever	lass uns erheben

5. Fundación Mi Sangre

1 denunciar	to expose/to denounce	dénoncer	öffentlich verurteilen
2 cercano	approachable	proche	nahestehend
3 sin ánimo de lucro	not-for-profit	à but non lucratif	gemeinnützig
4 infancia	childhood	enfance	Kindheit
5 estallar	to explode	exploser	explodieren
6 con discapacidades diferentes	with reduced mobility	handicapé	mit verschiedenen Behinderungen
7 orador	speaker	orateur	Redner
8 intervenir	to make a speech/ to intervene	intervenir	teilnehmen
9 donación	donation	donation	Spende
10 visible	visible	visible	sichtbar
11 honorario	honorary	honoraire	Ehren-
12 entendimiento	understanding	compréhension	Verständigung
13 exponer	to explain	exposer	darlegen
14 saldar deudas	to repay a debt	payer ses dettes	Schulden begleichen
15 irresuelto	unresolved	non résolu	ungelöst
16 tomar la palabra	to speak out	prendre la parole	das Wort ergreifen
17 ponerse a	to get to (doing something)	se mettre à	beginnen zu
18 faltar	to be lacking/ missing something	manquer	fehlen
19 destrozar	to destroy	détruire	zerstören
20 enlace	link	lien	Verbindung
21 vulnerable	vulnerable	vulnérable	verwundbar
22 prevención	prevention	prévention	Vorbeugung
23 correr un riesgo	to run a risk	courir le risque de	Gefahr laufen zu
24 reducir	to reduce	réduire	verringern
25 conflicto armado	armed conflict	conflit armé	bewaffneter Konflikt
26 enorme	huge	énorme	enorm
27 contar con	to have the support	compter sur	zählen auf
28 rechazo	rejection	rejet	Zurückweisung
29 perpetuar	to perpetuate	perpétuer	aufrecherhalten

50	ESPAÑOL	INGLÉS	FRANCÉS	ALEMÁN
[30] círculo vicioso	vicious circle	cercle vicieux	Teufelskreis
[31] temor	fear	peur	Angst

Fíjate bien

[1] quitar	to steal	enlever	wegnehmen
[2] despojar	to dispossess of/to evict from	dépouiller	rauben
[3] rumbo	direction	direction	Richtung

6. Paz sin fronteras

[1] promover	to foster/to promote	promouvoir	unterstützen
[2] resolver	to resolve	résoudre	lösen
[3] esfuerzo	effort	effort	Einsatz
[4] reivindicación	demand	revendication	Forderung
[5] prioritario	priority	prioritaire	grundlegend
[6] advertencia	warning	avertissement	Warnung
[7] amenaza	threat	menace	Drohung
[8] axioma	axiom	axiome	Axiom (Grundsatz)
[9] en sí	in itself	en soi	an sich
[10] voluntad	willpower	volonté	Wille
[11] determinación	determination	détermination	Bestimmung
[12] acusar	to accuse	accuser	beschuldigen
[13] perder la calma	to lose one's cool	perdre son calme	die Ruhe verlieren
[14] llamamiento	call	appel	Aufruf
[15] iniciativa	initiative	initiative	Initiative
[16] reconciliación	reconciliation	réconciliation	Aussöhnung
[17] distinguir	to single out for praise	faire l'éloge de	auszeichnen

Destino

[1] mostrar	to show	montrer	zeigen
[2] peligro	danger	danger	Gefahr
[3] ciego	blind	aveugle	blind
[4] destino	destiny	destin	Schicksal
[5] cumplir	to carry out	accomplir	erfüllen

actividades

Cómo trabajar con este libro

Perfiles Pop es una serie de biografías de personajes de la cultura pop del mundo hispanohablante. Cada libro está escrito en forma de reportaje y explica la vida del personaje desde sus orígenes hasta hoy. Para facilitar la lectura, al final de cada página se incluye un glosario en español con las palabras y expresiones más difíciles. Además, en cada capítulo aparecen uno o varios recuadros que aportan información adicional sobre un tema relacionado con el capítulo. Al final del libro hay además un glosario en inglés, francés y alemán y notas culturales sobre algunos conceptos del mundo del español que aparecen en el texto.

El libro se complementa con una sección de actividades que tiene la siguiente estructura:

a) «Antes de leer». **Recomendamos realizar las actividades de esta sección antes de empezar a leer el texto**, ya que ayudarán a activar los conocimientos que tiene el lector sobre el tema y facilitarán la comprensión.

b) «Durante la lectura». Son **actividades destinadas a pautar la comprensión** de los diferentes capítulos y a ejercitar la comprensión auditiva mediante el trabajo con el CD.

c) «Después de leer». Se trata de propuestas variadas que **permiten poner en práctica la comprensión auditiva y de lectura, la expresión oral y escrita, la interacción oral y escrita y la mediación**. Tienen un carácter predominantemente abierto para que el propio lector (o el profesor que lee el libro con sus alumnos) pueda decidir cómo trabajar con ellas según sus necesidades. En muchas de ellas se propone un repaso al contenido del libro. En cada caso, **el lector puede decidir si vuelve a leer el fragmento en cuestión o prefiere escuchar la grabación del CD correspondiente**. Igualmente, puede decidir si hace las actividades por escrito o de forma oral, en interacción con otros hablantes.

d) «Léxico». Actividades para **la sistematización, la profundi-**
zación y la ampliación del vocabulario. Se tiene en cuenta
que cada hablante tiene unos intereses y un bagaje personal
específicos. Por eso se combinan actividades de respuesta
cerrada con actividades más abiertas.

e) «Cultura». Esta sección contiene **propuestas para profundizar en los temas culturales** del libro.

f) «Para saber más» incluye un **texto adicional** sobre un tema
de interés relacionado con el personaje.

g) La sección «Internet» propone **páginas web interesantes**
para seguir investigando.

h) Por último, se facilitan las **soluciones** de las actividades de
respuesta cerrada y propuestas de solución para algunas
actividades de carácter más abierto.

ANTES DE LEER

1. ¿Conoces alguna canción de Juanes? ¿Sabes algo de él? Anótalo aquí. Después de leer el libro, lee de nuevo tus notas y complétalas con información nueva.

2. Lee el texto de la contraportada *(que de couverture)* y anota las cinco palabras que te parecen más importantes. Busca las que no conoces en el diccionario.

3. Escoge la foto de Juanes que más te gusta y descríbela.

4. ¿Cuál es la portada *(couverture)* del disco que más te gusta? Descríbela.

DURANTE LA LECTURA

Capítulos 1-2

5. A partir de la información del primer capítulo, describe brevemente el carácter de Juanes: cómo es, qué le interesa y por qué, etc.

6. ¿Estás de acuerdo con el dicho «la vida es un ratico»? ¿Existe una expresión similar en tu lengua?

Capítulos 3-4

7. *Los Angeles Times*, la revista *Rolling Stone* y *The New York Times* hablan de Juanes. ¿Cuál de estas tres descripciones te parece más acertada? ¿Por qué?

Los Angeles Times: «La figura individual más relevante de la década dentro de la música latina».

Rolling Stone: «Una superestrella latinoamericana y una de las estrellas de rock más grandes del mundo».

The New York Times: «El cantante y compositor más candente de América Latina... Un poeta con guitarra eléctrica».

8. Escribe la discografía de Juanes ¿Qué disco te interesa más?

Capítulos 5-6

9. ¿Qué significa el lema «la tierra para el que la trabaja» y por qué es importante en la historia de Colombia?

10. Mira esta nube de palabras relacionadas con la Fundación Mi Sangre y escribe después un breve texto con ellas:

11. ¿Te parece que quienes criticaron el concierto Paz Sin Fronteras en La Habana tenían razón? ¿Por qué?

DESPUÉS DE LEER

12. Otros medios han dicho esto de Juanes. Repasa las críticas del capítulo 3 y escribe tu propia crítica.

«Canciones inolvidables en discos que desafian, inspiran y cautivan... Uno de los artistas más influyentes de la década (...) Capaz de vender millones al tiempo que compone música inteligente, que invita a la reflexión». – *NPR (National Public Radio)*

«Un héroe cultural con gran imaginación musical y un don para las letras poéticas: un John Lennon latino». – *Amazon*

13. ¿Dónde crees que se debería hacer el siguiente concierto Paz Sin Fronteras?

14. ¿Conoces otros artistas comprometidos con los problemas del mundo? Escoge a uno y escribe una breve presentación.

15. ¿Cómo le explicarías el problema de las minas antipersona a un amigo en tu lengua?

LÉXICO

16. Lee las letras de las canciones. ¿Qué sentimiento o sentimientos se expresan fundamentalmente en cada una? Escoge entre estos o añade otros para cada una.

esperanza

solidaridad

amor   rabia

compasión

17. Todas estas expresiones aparecen a lo largo del libro. Relaciona los elementos de la derecha con los de la izquierda.

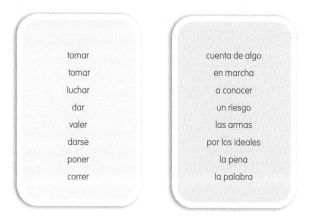

tomar	cuenta de algo
tomar	en marcha
luchar	a conocer
dar	un riesgo
valer	las armas
darse	por los ideales
poner	la pena
correr	la palabra

18. Para recordar cómo se usan las expresiones anteriores, busca dónde aparecen en el libro y escribe después otro ejemplo con cada una de ellas.

19. Completa este mapa conceptual sobre Juanes:

CULTURA

20. En el libro se mencionan varios ritmos colombianos. ¿Recuerdas sus nombres? ¿Qué otros ritmos o estilos musicales de Latinoamérica conoces?

21. Estos son algunos de los músicos que han influido a Juanes. ¿Los conoces? Intenta relacionar cada uno con su descripción. Luego, busca información sobre uno de ellos y prepara una breve presentación.

> Trío formado en los años cuarenta en Nueva York por dos mexicanos y un puertorriqueño. Famoso por sus boleros.

> Pianista, compositor y cantante argentino de pop-rock.

> Cantante y compositor argentino considerado el más importante tanguero de la primera mitad del siglo XX.

> Cantautor y guitarrista cubano. Uno de los principales representantes de la llamada Nueva Trova Cubana.

> Grupo de rock argentino muy famoso en los años ochenta y considerado uno de los más importantes de la historia del rock latinoamericano.

PARA SABER MÁS

22. Lee este texto para saber más sobre la canción de autor latinoamericana:

La canción de autor latinoamericana en la segunda mitad del siglo XX

La música de Juanes se sitúa en la tradición de la canción de autor reivindicativa: artistas que componen su propia música y a menudo escriben las letras de sus canciones, con las que desean transmitir mensajes de compromiso social y político. Otras veces toman la música y las canciones del *folklore* popular. Aunque hay casos anteriores, esta tradición cobra importancia con la canción protesta, un movimiento muy importante en los años sesenta, setenta y ochenta en Europa y Latinoamérica.

En Argentina destacan, por ejemplo, Nacha Guevara, Mercedes Sosa, Daniel Viglietti o León Gieco. En Chile aparece el movimiento de la Nueva Canción Chilena, con Víctor Jara y Violeta Parra como principales representantes. En Cuba se desarrolla el movimiento de la Nueva Trova Cubana, fundado por Pablo Milanés, Silvio Rodríguez y Noel Nicola.

En la década de los noventa la tradición evoluciona. Las letras siguen siendo reivindicativas, pero en la música se mezclan estilos que van desde el rap hasta la música electrónica, pasando por el ska o el pop-rock. De esta década se puede mencionar, por ejemplo, al grupo chileno Los Tres o a los mexicanos Molotov.

INTERNET

23. En la web oficial de Juanes puedes ver algunos vídeos musicales del artista. Pincha en «Galería» y «Vídeos». **www.juanes.net**. Si buscas las letras en Internet, podrás leerlas y cantar mientras ves los vídeos.

SOLUCIONES

8.

1. *Fíjate bien*
2. *Un día normal*
3. *Mi sangre*
4. *La vida es un ratico*
5. *P.A.R.C.E*

9.

«La tierra para el que la trabaja» significa que los campesinos tienen derecho a ser dueños de una pequeña extensión de terreno agrícola para poder vivir de él, y que la tierra no debe estar concentrada en muy pocas personas. Con este lema, los campesinos colombianos exigían una reforma agraria. Como el Gobierno no la ponía en marcha, nacieron las guerrillas.

10. (Propuesta de solución)

La Fundación Mi Sangre trabaja para ayudar a los niños que son víctimas de las minas antipersona. Les da ayuda médica y psicológica y facilita su rehabilitación. Pero, además, quiere conseguir la paz en Colombia. Por eso se basa en la educación y la prevención: los niños deben aprender desde pequeños a defender sus ideas con la palabra, no mediante la violencia.

17.

tomar la palabra (dar la palabra)

tomar las armas

luchar por los ideales

dar a conocer

valer la pena

darse cuenta de algo (darse a conocer)

poner en marcha

correr un riesgo

Las expresiones que aparecen entre paréntesis existen aunque no aparecen en el libro.

20.

Cumbia, guasca y vallenato.

62 21.

> Carlos Gardel: Cantante y compositor argentino considerado el más importante tanguero de la primera mitad del siglo XX.

> Soda Stereo: Grupo de rock argentino muy famoso en los años ochenta y considerado uno de los más importantes de la historia del rock latinoamericano.

> Silvio Rodríguez: Cantautor y guitarrista cubano. Uno de los principales representantes de la llamada Nueva Trova Cubana.

> Los Panchos: Trío formado en los años cuarenta en Nueva York por dos mexicanos y un puertorriqueño. Famoso por sus boleros.

> Fito Páez: Pianista, compositor y cantante argentino de pop-rock.

Notas